BEI GRIN MACHT SICH IHR WISSEN BEZAHLT

- Wir veröffentlichen Ihre Hausarbeit, Bachelor- und Masterarbeit

- Ihr eigenes eBook und Buch - weltweit in allen wichtigen Shops

- Verdienen Sie an jedem Verkauf

Jetzt bei www.GRIN.com hochladen und kostenlos publizieren

Henner Will

Betrachtung des italienischen Faschismus aus der Sicht des Liberalismus

Die Einschätzungen durch Dr. Erwin von Beckerath

GRIN Verlag

Bibliografische Information der Deutschen Nationalbibliothek:

Die Deutsche Bibliothek verzeichnet diese Publikation in der Deutschen National-
bibliografie; detaillierte bibliografische Daten sind im Internet über http://dnb.d-
nb.de/ abrufbar.

Impressum:

Copyright © 2008 GRIN Verlag GmbH
Druck und Bindung: Books on Demand GmbH, Norderstedt Germany
ISBN: 978-3-640-59497-9

Dieses Buch bei GRIN:

http://www.grin.com/de/e-book/147000/betrachtung-des-italienischen-faschismus-
aus-der-sicht-des-liberalismus

Universität Hamburg
Fakultät Wirtschafts- und Sozialwissenschaften
Department Wirtschaft und Politik

Wintersemester 2007/2008

Geschichte der politischen Ideen:
Beobachtungen des Faschismus in der Weimarer Republik

24. November 2007

Seminararbeit

Betrachtung des italienischen Faschismus aus der Sicht des Liberalismus
–
Einschätzungen durch Dr. Erwin von Beckerath

Henner Will

Inhalt

1   Einleitung

Der Ökonom Erwin von Beckerath aus dem Lager der Orto-Liberalen und jüngeren Historischen Schule hat sich zum Ende in den 1920er Jahren intensiv mit den Geschehnissen in Italien und dem Faschismus befasst. Dabei sind seine Betrachtungen gefangen zwischen einer gewissen Wertschätzung auf der einen und einer durchaus kritischen Auseinandersetzung auf der anderen Seite.

Im Folgenden sollen seine Analysen kurz vorgestellt werden. Dabei soll zunächst eine biographische und ideengeschichtliche Einordnung Beckeraths erfolgen. Weiter werden dann kurz die für Beckerath wesentlichen ideologischen Strömungen – Syndikalismus und Nationalismus – die den Faschismus beeinflusst haben, vorgestellt. Im Folgenden sollen dann die von Beckerath konstatierten Gründe, die zur faschistischen Machtübernahme führten, vorgestellt werden. Anschließend steht die Vorgehensweise der Machtfestigung im Vordergrund in den zentralen Bereichen Partei, Staat, Wirtschaft. Schließlich sollen die von Beckerath grundsätzlich ermittelten Parallelen und Unterschiede zwischen der bolschewistischen Entwicklung in Russland und der faschistischen in Italien dargestellt werden. Dann wird Beckeraths Zukunftsprognose für den italienischen Faschismus im Zentrum der Betrachtung stehen, bevor abschließend exemplarisch eine kritische Auseinandersetzung erfolgen soll.

2   Biographischer und ideengeschichtlicher Hintergrund Beckeraths

2.1   Zur Biografie Beckeraths[1]

Beckerath wurde am 31. Juli 1889 in Krefeld als „Sproß einer mennonitischen Patrizierfamilie geboren" (Eisermann 1968, S.108). Über ein geschichtliches Studium in Freiburg fand er den Weg zur historischen Schule der Volkswirtschaft und promovierte 1912 bei Schmoller über die „Preußische Klassensteuer bis 1851". Am Ersten Weltkrieg nahm er nicht teil, sondern arbeitete in dieser Zeit als Prinzenerzieher am sächsischen Hof und beim Bremer Senat. Nach seiner Tätigkeit als Assistent an der Universität Leipzig habilitierte er über die „Seehafenpolitik der deutschen Eisenbahnen und die Rohstoffversorgung".

Nach einem Aufenthalt an der Universität Rostock kam er 1922 nach Kiel, von wo er 1924 weiter nach Köln und 1939 nach Bonn wechselte. Beckerath arbeitete während des Krieges

---

[1] Vgl. Eisermann 1968, S. 108-110

als Leiter der Arbeitsgemeinschaft Volkswirtschaftlehre der Akademie für Deutsches Recht[2] und war schon zuvor Koordinator des deutsch-italienischen Kulturinstitutes in Köln, des Petrarca-Hauses[3]. Er war Mitglied des Freiburger Kreises und wurde 1959 Vorsitzender des wissenschaftlichen Beirats des Bundesministeriums für Wirtschaft und hat in dieser Funktion die „soziale Marktwirtschaft der Bundesrepublik Deutschland wesentlich mitbestimmt" (Eisermann 1968, S.109). Beckerath starb am 23. November 1964 in Basel.

Als seinen großen wissenschaftlichen Wurf bezeichnet Eisermann (1968, S.109) das Werk „Wesen und Werden des fascischtischen Staates".

2.2 Ideengeschichtliche Einordnung: Ordo-Liberalismus, jüngere Historische Schule

Beckerath wird v.a. dem Ordo-Liberalismus zugeordnet[4], der als deutsche Variante des Neoliberalismus beschrieben wird. Im Wesentlichen wurde er vom Freiburger Kreis – u.a. Eucken, Böhm, Dietze – geprägt, wobei seine Hauptintention darin besteht, „Wettbewerbsordnung zu schaffen, welche die ökonomische Macht von Individuen und organisierten Gruppen möglichst gering hält", wobei dem Staat die Aufgabe zukommt, „die wirtschaftliche Ordnung positiv zu gestalten." (beide Ziegler, 1998, S. 63, 64). Anstelle von Smith's unsichtbarer Hand tritt so der ordnende Staat, der eine funktionsfähige Wettbewerbsordnung schaffen soll. Dabei stehen v.a. die Herstellung eines funktionsfähigen Preissystems, vollständige Konkurrenz, Stabilisierung des Geldwerts, offene Märkte, Privateigentum, Vertragsfreiheit, Konstanz der Wirtschaftspolitik, aber auch Monopolaufsicht, Umverteilung, Auffangen anomaler Angebotsreaktionen, usw. im Vordergrund[5].

Laut Schieder (1995, S.272 ff.) ist Beckerath jedoch auch stark von der jüngeren Historischen Schule und seinem Doktorvater Schmoller geprägt, zumal er weitergehender als die Ordo-Liberalen sich „massive staatliche Eingriffe in den Marktprozess vorstellen [konnte], als sie Eucken je für zulässig hielt" (Schieder 1995, S. 273). Die alte historische Schule wird von Dahrendorf / Felgenbauer (2004) als eine an historischen Prozessen und den sozioökonomischen Systemen sowie einer organischen Gesellschaftsgliederung orientierte induktive ökonomische Richtung charakterisiert, die sich gegen den deduktiven Anspruch insbesondere der englischen Klassiker richtet, die das rational eigennützige Individuum ins Zentrum ihrer Betrachtung stellt. Schmoller als Hauptvertreter der jüngeren historischen

---

[2] Schieder (1995, S.276 f.) stellt fest, dass Beckerath zwar kein NSDAP-Mitglied war, aber auf eine „Faschisierung des Nationalsozialismus" (Schieder 1995, S.277) im wirtschaftlichen Sinne mit der Umsetzung eines korporativen Ansatzes hinarbeitete (s.u.).
[3] Schieder 1995, S.277
[4] Bspw. Eisermann 1968
[5] Vgl. dazu auch Ziegler 1998 , S.63 f.

Schule vertrat eine „organische Sichtweise der Volkswirtschaft" (Dahrendorf / Felgenbauer 2004, S.11) und eine deskriptive, induktive Methode, aus der er auch normative Schlussfolgerungen zog. Dies war u.a. Grundlage des Methodenstreits.

3 Ideologische Einflüsse auf den italienischen Faschismus

3.1 Syndikalismus Sorels

Beckerath stellt an verschiedenen Stellen immer wieder fest, wie sehr der Faschismus in Italien durch den französischen Syndikalismus Sorels geprägt ist. Mussolini ist diesen Ideen nicht abgeneigt; immerhin haben sie ihn über Jahre in seiner politischen Karriere vor und während des ersten Weltkriegs geprägt.

Beckerath stellt bei seinen Überlegungen v.a. die prinzipielle Bereitschaft zur Gewalt zur Verwirklichung der Ziele der Bewegung, v.a. im Stadium des Machtaufbaus heraus. Auch die von den Faschisten später angestrebte berufsständische Gliederung der Wirtschaft führt Beckerath auf eine Sorel ähnlichen Grundidee der syndikalistischen, berufsständischen Produktion zurück. Dies soll unter Punkt 4.2.3 noch genauer erläutert werden.

Noch wichtiger als die oben genannten Punkte ist für Beckerath jedoch der typische Charakter des Faschismus. Er ist bestimmt durch (eine ihm eigene) Dynamik, die die „Tat" an und für sich in den Vordergrund stellt, die sich ohne ideologische Unterfütterung auch später in der Politik der Faschisten äußert, wobei der „Fascismus ein Lebensstil, eine bestimmte Haltung" (Beckerath 1927 S.25) ist. Wichtig dabei ist die Nichtexistenz eines Programmes[6] und das *fait accompli*, also das pragmatische Umsetzen von Politik und die erst nachträgliche gesetzliche Legitimation.

3.2 Nationalismus[7]

Der Faschismus wird nicht alleine durch den Syndikalismus determiniert. Eine zweite Prägung erhält er laut Beckerath durch den Nationalismus.

Hier ist ein besonders wichtiges Element der Anti-Individualismus, eine hierarchische Gesellschaftsgliederung, die sowohl in Partei, Staat als auch Wirtschaft eine wichtige Rolle spielen wird. Dies findet sich insbesondere in der Ansicht einer organischen Gesellschaftsstruktur im Spannschen oder Schmollerschen Sinne wieder, in der alle Elemente zum Wohle der Nation agieren und zwischen „Staat und Individuum […] Identität" (Beckerath 1927, S.93) herrschen soll.

---

[6] Programm im ideologischen Sinne. Ein Programm existiert zwar, Beckerath stellt aber häufig fest, dass dies so wenig konkret ist, dass es insbesondere in der Zeit der Machtfestigung sich flexibel regionalen Gegebenheiten und Interpretationen anpasst.
[7] Vgl. ausführlich Beckerath, 1927, S. 29 ff.

Auch Elemente wie Rasse, innere Einheit und Stärke und der Mythos der Nation und des imperialen Roms sind in diesem Zusammenhang hervorzuheben. Vor allem aber spielt die „für Italien so charakteristische unbedingte Unterwerfung unter den Führer" (Beckerath 1927, S.26) eine wichtige Rolle.

Die Spitze des Staates ist der König, denn „er allein [...] hat das lebendige Gefühl für die Lebensnotwendigkeiten des Organismus [der Nation]", wie Beckerath (1927, S.94) scheibt, wobei seine Stellung gegenüber früher „gehoben ist, [...] solange Mussolini neben ihm steht" (Beckerath 1927, S.150).

4   Machübernahme und –festigung im faschistischen Italien Mussolinis

4.1   Ausgangssituation/Gründe

Beckerath isoliert mehrere Faktoren, die die faschistische Machtübernahme bzw. Revolution möglich machen.

Das Nachkriegsitalien ist v.a. durch eine große materielle Krise und die Herrschaft der Sozialisten gekennzeichnet. Fabrikbesetzungen, Streiks in den industriellen Bereichen durch die Industriearbeiterschaft, aber auch die Landarbeiter in den ländlichen Gebieten sind in erster Linie diejenigen, die Grundbesitzer, Kleineigentümer, Pächter und insbesondere die Mittelschicht, also das Bürgertum als bolschewistische Bedrohung empfinden, auch wenn sie real nicht besteht[8].

Wie Beckerath herausstellt, besteht zwar die Absicht der Sozialisten, den Bolschewismus auch in Italien zu etablieren, jedoch aufgrund der starken Unterschiede zwischen Russland und Italien kaum eine akute Gefahr. Während die sozialistische Bedrohung schon wieder im Abschwellen ist, bleiben die Befürchtungen durch das kleine und mittlere Bürgertum trotzdem als psychologisches Moment bestehen, das eine „Ressentiment-Stimmung [entstehen lässt], welche ebenfalls zur Entladung drängte" (Beckerath 1927, S.15). Dies weiß Mussolini zu nutzen; er bietet den Verunsicherten Halt. So stoßen das „führerlose Heer mit dem heerlosen Führer" zusammen, wie Beckerath (1927, S.16) ausführt. Insbesondere diese Mittelschicht schafft die notwendige breite Basis zur späteren Machtergreifung Mussolinis.

Die auf dem Gründungsparteitag erfolgende Verschmelzung der national-syndikalistischen Arbeiterbewegung mit der faschistischen Organisation wird begleitet von der allgemeinen „Ernüchterung des Proletariats und dem Konjunkturrückgang" (Beckerath 1927, S.23). Besteht die Bewegung zunächst noch aus

---

[8] Vgl. Beckerath 1927, S.1 ff.

„Kriegsteilnehmern, Interventionisten, Syndikalisten, Futuristen, D'Annunzianern, Studenten, so gruppierten sich um diese dann Bauern, [...], Handwerker, Ingenieure, Beamte und Angestellte, Lehrer, [...] Arbeiter [...] aus dem syndikalistisch-nationalistischen Lager [und später] die große Bourgeoisie – Industrie und Großgrundbesitz"

wie Beckerath (1927, S.34) ausführt.

Einen weiteren Grund analysiert Beckerath im Versagen der demokratischen Kräfte.[9] So waren im Vor- und Nachkriegsitalien die Parlamente durchsetzt von Lobbyisten, die in erster Linie sich selbst im Auge hatten. Ständige Wechsel und keine programmatische Bindung außer bei Sozialisten, Republikanern und Nationalisten waren demnach charakteristisch. Besonders in den Nachkriegswirren ist das Versagen der alten Oligarchenherrschaft deutlich geworden. Der Faschismus wäre zu verhindern gewesen, hätten die demokratisch-liberalen parlamentarischen Kräfte gegen die sozialistische Bedrohung gehandelt. Dieses Versagen konstatiert Beckerath auch in der Matteotti-Krise, in der die Opposition es nicht schafft, geschlossen gegen Mussolini vorzugehen, obwohl auch im Mittelstand aufgrund der gegen ihn gerichteten Steuerpolitik ein Verlust an Rückhalt für die Faschisten zu erkennen ist (Beckerath 1927, S.76). Letztendlich hat so der Faschismus „ein oligarchisches System beseitigt, welches im Namen des Liberalismus und der Demokratie Italien regierte" (Beckerath 1927, S.85).

Schließlich muss noch ein drittes Element genannt werden: Die Gewalt. Wie schon oben erwähnt, ist dieser syndikalistische Ansatz besonders hervorzuheben, da es ohne ihn zu keiner Machtergreifung gekommen wäre.

4.2 Durchdringung der Gesellschaft[10]

Die Abschnitte der Machtsicherung soll im Folgenden erläutert werden. Dabei soll auf die von Beckrath isolierten drei Bereiche Partei, staatliche Organe und Wirtschaft eingegangen werden, in denen Mussolini konsequent seine Machtstellung ausbaut. Mussolini übt seine Herrschaft „durch eine Doppel-Hierarchie [in Partei und Staat]" (Beckerath 1927, S.123) und schließlich über die berufsständischen Verbände aus, so dass eine „Spitzendiktatur" entsteht, in der alle Organisation „in Mussolinis Person zusammentreffen" (Beckerath 1927, S.142).

4.2.1 Staat

Grundsätzlich muss angemerkt werden, dass Mussolini nach der Machtergreifung sukzessive die staatlichen Institutionen zur legalen Gewaltausübung einsetzt[11], wobei sich die

---

[9] Vgl. Beckerath 1927, S.45 ff. und Beckerath 1929, S.141 f.
[10] Auf den Begriff der „Gleichschaltung" soll hier bewusst verzichtet werden, da dieser v.a. das spätere Vorgehen der Nationalsozialisten im Deutschen Reich beschreibt. Das Prinzip ist hier jedoch ähnlich, zumindest nach Einschätzung Beckeraths.
[11] Als Indikator kann man hier z.B. die Legalisierung der Squadre anführen, die schließlich Miliz und Teil der regulären Armee werden.

faschistischen Funktionäre „allmählich in den legalen Staat eingefressen" (Beckerath 1927, S.53) haben. Die Schritte Machtfestigung innerhalb der staatlichen Organe macht Beckerath an Folgendem fest:[12]

Besonders als Reaktion der Matteotti-Krise kann wiederum ein Greifen nach dem syndikalistischen Gewaltmoment festgestellt werden (Beckerath 1927, S.83). Besonders Exil-Italiener laufen Gefahr, ihre Staatsbürgerschaft zu verlieren, sofern sie sich kritisch zum Mussolini-Regime äußern. In diesem Zusammenhang spielt vor allem das Staatsschutzgesetz gegen die Absicht, gegen die herrschende Ordnung vorzugehen, eine wichtige Rolle.

Die Pressefreiheit wird außerdem eingeschränkt, nicht-faschistische Organisationen und Verbände verboten, wobei insbesondere der Kampf gegen die Freimaurer eine Rolle spielt.

Die kommunale Selbstverwaltung wird zum Teil aufgehoben. Auch wenn es zu wenigen Säuberungen innerhalb der Justiz, der Universitäten und Verwaltungen kommt, so sind die hier Tätigen doch ständig bedroht, sofern sie sich nicht Regime-konform verhalten (Beckerath 1927, S.73).

Die staatlichen Verwaltungsorgane werden sukzessive mit Parteimitgliedern durchsetzt (Beckerath 1927, S.110). Zudem wird durch die Änderung des Wahlgesetzes und der daraus resultierenden großen Mehrheit von 64,9 %, die die Faschisten im Wahlbündnis mit dem Liberalismus erreichen, die „Kammer ein gefügiges Werkzeug in der Hand der Regierung" (Beckerath 1927, S.61 f.). Die Gewaltenteilung, die in Italien nie besonders scharf war[13], wird außerdem durch eine Hervorhebung der Exekutive weiter aufgeweicht. Sie versteht sich nun als „Suprematie" gegenüber den anderen Gewalten und ist mit wenigen zentralen Machthabern besetzt (Beckerath 1927, S.116). Hier spielt wieder das von Beckerath als so charakteristisch hervorgehobene syndikalistische „Handeln", das *fait accompli* in der Politik mit einer erst später erfolgenden Legalisierung, eine Rolle: Dies ist die Eigenschaft der Exekutive schlechthin.

4.2.2 Partei

Die faschistische Partei ist vor allem für die Machtergreifung wichtig. Sie ist ein „Nebenstaat, [dessen] Funktionäre allmählich in den legalen Staat" (Beckerath 1927, S.53) einsickern. Spätestens 1926 herrscht in der Partei eine absolute Hierarchie und hat sich Mussolinis Stellung nach Einschätzung Beckeraths (1927, S.111 ff.) gefestigt. Sie ist Schnittpunkt zu den anderen beiden Bereichen, den staatlichen Organen und der Wirtschaft.

---

[12] Vgl. auch Beckerath 1927, S.104 ff.
[13] Dazu vgl. Beckerath 1927, S.83 ff. Er führt dabei an, dass Dekrete von den Regierungen auch vor Mussolini eher eine Regel als eine Ausnahme darstellten. Zudem hätten sich immer wieder auch Abgeordnete in die Verwaltung eingemischt.

4.2.3 Wirtschaft/Korporativer Staat

Die Schaffung des korporativen Staates versteht Beckerath als Unterordnung der Wirtschaft unter den Staat mit dem Ziel einer berufsständischen Gliederung. Dieser Gedanke ist auch bei Sozialisten, Syndikalisten und Katholiken verbreitet. In erster Linie soll der „Klassengedanke" überwunden werden (Beckerath 1927, S. 98, 124) und damit die „Egoismen" (Beckerath 1927, S.100), um den organischen Gedanken der Gesellschaft, sowie die innere Stärke herzustellen. Obwohl der Faschismus auf dem Kapitalismus aufbaut und trotz der von Beckerath (1927, S.103) konstatierten Bedingung „der individualistischen Entwicklung" im kapitalistischen System, bemerkt er doch positiv, dass die Wirtschaft wieder eingefangen und als Versorgungsfunktionserfüller der Gesellschaft dient.

Wie Beckerath feststellt, scheitert der ursprüngliche Ansatz des korporativen Staates, bei der die Gruppen innerhalb ihrer Verbände zusammenarbeiten und entscheiden sollten, an den Interessengegensätzen zwischen Kapitalisten und Arbeitern. Entsprechend entstehen im Folgenden mit der *Carta del Lavoro* getrennte Verbände für Arbeitgeber und Arbeitnehmer, die untereinander verhandeln (Beckerath 1927, S.125).

Durch das Verbot der Streik- und Aussperrrechte, sollen Tarifverhandlungen und innerbetriebliche Auseinandersetzungen korporativ zwischen den Verbände geklärt werden (Beckerath 1927, S.131), sowie – sofern keine Einigung möglich ist – durch ein Urteil des Arbeitsgerichtes entschieden werden (Beckerath 1927, S.99). Außerdem kommt den Verbänden eine Schlüsselrolle bei der Besetzung des Parlaments (der Kammer) zu. Über die Arbeitsgerichte nimmt der Staat direkt Einfluss auf die Wirtschaft. Zudem unterliegen die Verbände strengen Regelungen und werden nur mit Faschisten besetzt. Damit hat also der Staat und damit Mussolini sowohl die Verbände als auch über die Gerichtsbesetzungen die Verhandlungsergebnisse unter seiner Kontrolle, kann sich als Supremat über die Wirtschaft verstehen, wie Beckerath (1928, S. 212) feststellt.

5 Entwicklungen des Bolschewismus und Faschismus

Da auch Beckerath immer wieder auf Parallelen zwischen den Entwicklungen in der Sowjetunion und Italien eingeht, sollen hier noch einmal kurz seine Ansichten dargestellt werden. Dabei geht er davon aus, dass beide Regime gewisse Symmetrien und ähnliche Entwicklungen beschreiben, wobei „die Menschheit […] aus beiden verbannt ist", wie Beckerath (1928, S.204) schreibt. Dieser Satz ist insofern wichtig, als er doch eine gewisse Distanz zu beiden Regimen aufzeigt. Weiter weist er darauf hin, dass der einzelne Mensch in beiden Systemen wenig zählt:

„Im Sowjetstaat hat das Individuum Rechte nur soweit, als es zum Proletariat gehört; im fascistischen Italien kann es sie nur beanspruchen, falls es sich als nützlich-tätiges Glied einem Verband und so dem Staate einordnet" (Beckerath 1927, S. 146).

Beckerath definiert sowohl die bolschewistische als auch faschistische Machtergreifung als Revolutionen; hier gegen das Zarentum und den kurzen bürgerlichen Staat, dort gegen den demokratischen parlamentarischen Staat, wobei er Revolution als die Anwendung von Gewalt definiert (Beckerath 1929, S. 135). Eine Gesetzmäßigkeit sieht er dabei in Folgendem: „Jede Minorität, die sich zur Herrschaft aufschwingt, wird Gewalt anwenden" Beckerath (1927, S.148).

In beiden Systemen ist die Partei die Avantgarde zur Durchsetzung/-dringung der politischen, sozialen und militärischen gesellschaftlichen Zweige.[14] Dabei sind beide Parteien durchaus ähnlich aufgebaut: Sie fordern starke Parteiendisziplin und Unterwerfung, wobei die bolschewistische Partei nur „fiktiv" demokratisch ist. Die Mitglieder ordnen sich hier einem Zentralkomitee, dort einem duce Mussolini unter, wobei beide auf Wahlen im eigentlich demokratischen Sinne verzichten. Zudem gründen sich beide Parteien v.a. auf der Jugend als „Reservoir für Staat und Partei" (Beckerath 1927, S.115).

Unterschiede finden sich v.a. im programmatischen Bereich: Während Beckerath Lenin als Dogmatiker sieht, der stets die Marx'schen Doktrin als Ideal vor Augen hat und in der Praxis trotzdem anders handelt, verzichtet Mussolini auf eine anfängliche Ideologie; hier ist das „Handeln"[15] im Vordergrund, statt einer starren Programmbindung (Beckerath 1929, S. 136).

Ein weiterer Unterschied findet sich in der Rolle der Kirche. Während sich in der Sowjetunion die Kirche unter die Bolschewiki unterordnen muss, ist in Italien die katholische Kirche der einzige große Machtfaktor neben den Faschisten (Beckerath 1927, S.87).

Schließlich ist die Frage der wirtschaftlichen Ordnung eine entscheidende. Die Bolschewiki glauben, dass der Kapitalismus durch den Kommunismus geschlagen wird und untergeht, während die Faschisten im Kapitalismus lediglich eine Produktionsmethode unter der Lenkung des Staates sehen.[16]

6   Zukunft des Faschismus

Beckerath sieht die Zukunft des Faschismus durchaus positiv, da „sich der Faschismus nicht auf eine zusammenhängende Klasse stützt" (Beckerath 1928, S.217), sondern über alle Schichten verteilt sei. Somit fällt auch für eine mögliche Opposition eine klassengestützte

---

[14] Vgl. Beckerath 1929, S. 144 ff.
[15] Vgl. dazu ausführlicher Beckerath 1928, S.202
[16] Vgl. Beckerath 1927, S.103; Beckerath 1928, S.208; Beckerath 1929, S. 152

Massenbasis weg. Zudem schätzt er auch die Möglichkeit einer oppositionellen Elitebildung zum Machtwechsel im Pareto'schen Sinne als gering ein.

Allerdings sieht er ein anderes Problem: „Es ist das Charisma des geborenen Führers, welches den Absolutismus Mussolinis legitimiert" (Beckerath 1927, S.111) und damit entscheidender Faktor „der alle Phasen der geistigen und reellen Bewegung in sich zusammenfaßte" (Beckerath 1928, S. 202). Die große Gefahr für den Faschismus ist dementsprechend, „daß sich sein Schicksal mit dem einer einzigen Persönlichkeit [Mussolini] so eng verbindet", wie Beckerath (1927, S.152) feststellt. Nach Mussolini sieht Beckerath den König hervortreten, autoritäres Regime aufbauen und somit das Land vor Zerfall bewahren[17].

7 Kritische Einordnung/Diskussion

7.1 Einschätzung der Squadre und der Bewegung

Beckerath schätzt die Entwicklung innerhalb der Rechten sicherlich nicht ganz richtig ein. Die Problematik mit der Gründung des *fascio di combattimento* und den parallel existierenden, dezentralen, gewalttätigen Squadre wird von ihm falsch eingeschätzt, spricht der doch von „Mussolinis Squadre" (Beckerath 1927, S.52) im Zusammenhang seiner Analysen zur Machtfestigung.

Auch zu der ihm konstatierten schichtenübergreifenden Eigenschaft der Faschisten scheint Vorsicht geboten. So ist es zwar richtig, wenn Beckerath annimmt, dass viele Arbeiter, die sich den *fasci* anschließen, vor allem aus der syndikalistischen Bewegung stammen. Allerdings stellt sich die Frage, ob er in seiner Einschätzung für die Bewegung insgesamt nicht übertreibt. Auch muss darauf hingewiesen werden, dass die Gewerkschaften von den Faschisten aufgelöst werden und die sozialistische Partei keinen langen Bestand hat; viele Arbeiter werden sich demzufolge sicherlich nicht freiwillig den Faschisten angeschlossen haben. Daher ist auch die Annahme, es handele sich um eine schichtübergreifende Bewegung mit Vorsicht zu lesen, zumal bei einem gewaltsamen Zusammenschluss sicherlich kaum eine innere Überzeugung generiert werden kann, die die Gefahr von Opposition ausschließt. Es stellt sich die Frage, ob der Faschismus nicht viel mehr eine Bewegung der Mittelschicht ist.[18]

7.2 Korporativer Staat

Beckerath sieht im Faschismus (s. auch 7.4) ein Experiment in der Bändigung der Wirtschaft. Dies ist vor dem Hintergrund der Prägung durch Schmoller und den Ordoliberalismus

---

[17] Vgl. Beckerath 1928, S.218
[18] Dies sind in erster Linie nur Andeutungen möglicher Fehler in Beckeraths Argumentation. Der wirkliche Anteil aus der Arbeiterschaft, die sich freiwillig und überzeugt in der faschistischen Partei organisiert haben ist nicht bekannt. Interessant wäre es dazu, das Wirken der Sozialisten und Kommunisten und anderer Widerstandsgruppen zu analysieren.

nachvollziehbar. Sicherlich ist auch die politische Situation in der Weimarer Republik nicht unschuldig. Dies alles lässt ihn scheinbar auf eine wirtschaftliche Umgestaltung in korporativem Sinne hoffen, zumal Beckerath, wie Schieder (1995, alle S.271) feststellt, Europa durch den „Bolschewismus bedroht" sieht und die „parlamentarische Demokratie für [nicht] geeignet, die [...] Verteilungskämpfe [...] zu kontrollieren".[19] Beckerath sieht im Faschismus ein Benchmark, wie auch folgendes Zitat veranschaulicht:

> „Die fascistische Gesetzgebung sucht den Kapitalismus [...] umzubilden, [...] daß die Produktion Aufgabe im Dienste des Ganzen sein soll, und der Widerstreit zwischen Kapital und Arbeit staatlichem Willen unterworfen ist" (Beckerath 1927, S.145)

Wie auch sonst weit im bürgerlichen Lager verbreitet, scheint er entsprechend in dem korporativen Ansatz der *Carta del Lavoro* einen „dritten Weg zwischen Kapitalismus und Sozialismus" (Schieder 1995, S.269) zu sehen.

Aber auch Beckerath selbst stellt fest, dass

> „jede politische Theorie [...] tritt an entscheidenden Punkten in Widerspruch zu Kräften der menschlichen Seele [...] Zu glauben, [...] die Gruppen würden sich unter Führung der Verbandsorgane freiwillig und friedlich dem Staate einordnen, ist trügerisch [...] [und] wird niemals von dieser Welt sein" (Beckerath 1928, S.210)

Er erkennt also und analysiert auch richtig die inneren Widersprüche. Trotzdem beharrt er in seiner eigenen Schlussfolgerung auf der Idee eines Vorbilds für Europa durch die Unterordnung der Wirtschaft im Faschismus.

Beckerath (1927, S.103) konstatiert selbst die Bedingung „der individualistischen Entwicklung" im kapitalistischen System, die den Fortschritt fördere. Die Unterordnung des Individuums unter den Staat, das Eingehen des Menschen in das Organ der Nation (wie auch unter 4.2 schon erwähnt) steht zu den individualistischen Fortschrittsbeiträgen in krassem Widerspruch. Wie auch Petersen (1976, S.316) richtig feststellt, relativiert und ignoriert Beckerath den Zwang bei der Bildung der faschistischen Gewerkschaften. Das Moment der Unterdrückung und Einordnung in den Nationen-Organismus lässt sich wohl kaum mit dem Gedanken der individualistischen Entwicklung verbinden. Beckerath analysiert richtig, kommt aber zu falschen Schlüssen, lässt sich wohl eher von seinen „Wunschvorstellungen leiten, als von [...] der Realität des Diktaturregimes Mussolinis" (Schieder 1995, S.275).

Zusammenfassend lässt sich sagen, dass Beckerath sowohl die Wichtigkeit des Individualismus für den Kapitalismus richtig einschätzt, als auch das Scheitern des

---

[19] Die an dieser Stelle durch Schieder (1995, S.269) auch festgestellte „Republikgegnerschaft" Beckeraths lässt sich aufgrund der hier bearbeiteten Texte Beckeraths nicht erhärten, soll aber vollständigkeitshalber angeführt werden.

korporativen Gedankens (s. 4.2.3) in seiner ursprünglichen Form. Warum er nichtdestrotz den Faschismus idealisiert, ist kaum nachvollziehbar.[20]

7.3 Revolutionsbegriff

Der Revolutionsbegriff ist bei Beckerath in erster Linie durch die Gewalt definiert, wie auch noch einmal das folgende Zitat veranschaulicht:

> „Eine Revolution entsteht überall dort, wo die Gegensätze zwischen den Parteien nicht mehr im Rahmen der bestehenden Staatsordnung auf friedlichem Wege, sondern durch „Gewalt" ausgetragen werden können. [...] die Revolution [ist] eine Fortführung der Politik mit anderen Mitteln" (Beckerath 1929, S.135)

Daraus leitet er die Parallelität zwischen Russland und Italien ab. Es gibt jedoch sicherlich qualitative Unterschiede zwischen der Oktoberrevolution durch die Bolschewiki und der faschistischen „Machtergreifung" in Italien. Nicht zu vergessen ist in diesem Zusammenhang, dass Mussolini vom König zum Ministerpräsidenten ernannt wurde, er über eine Partei und eine Fraktion in der Kammer verfügt. Seine Machtübernahme ist also wie später Hitlers völlig legal und verfassungsmäßig. Ein weiterer Faktor ist die Tatsache, dass Mussolini nach seiner Machtübernahme die staatlichen Organe relativ unberührt lässt, es also zu keinen großen Säuberungen kommt, er die verfassungsmäßigen Organe des Staates bestehen lässt, diese nur modifiziert und seinem autoritären Regime anpasst.

Es stellt sich also die Frage, ob der Begriff einer Revolution als „gewaltsame Umwälzung einer politischen Ordnung bzw. eines Systems" oder eine „radikale Umwälzung, grundlegende Änderung"[21] qualitativ nicht viel mehr Tatbestände verlangt, als Beckerath sie hier anführt. Sind also seine Grundannahmen falsch, so stellt sich die Frage, ob die absoluten Vergleiche zwischen dem Bolschewismus und Faschismus gerechtfertigt sind.

7.4 Europa vor der Wahl (?)

Beckerath ist sicherlich ein Kind seiner Zeit. Er erlebt in der Weimarer Republik Inflation, Monopolisierung, Streiks und politische Schwäche der demokratischen Parteien. Er ist geprägt durch die Vorstellungen des Ordo-Liberalismus und der jüngeren Historischen Schule und fürchtet den Sozialismus.

Er versucht eine Situation zu konstruieren, in der das „alte", unzureichende parlamentarische Europa – gefangen zwischen Rom und Moskau – einen Weg einschlagen muss. Sieht er dabei im Faschismus einen gewissen Fortschritt mit der „Suprematie des Staates gegenüber der Wirtschaft, die Zusammenfassung der Erwerbstätigen in Selbstverwaltungskörpern, die

---

[20] Zudem muss darauf hingewiesen werden, dass ähnliche Instrumente der Wirtschaftspolitik auch in der Weimarer Republik mit der Zwangsschlichtung und allgemeinverbindlichen Tarifverträgen zur Verfügung standen. Diese modifiziert der Faschismus insoweit, als dass er keine pluralistisch demokratischen Gewerkschaften duldet.
[21] Beide Definitionen aus dem Langenscheidt Fremdwörterbuch

Zerschlagung der Klassen: ihrer Ideologie und Organisation" (Beckerath 1928, S213 f.), so stellt er für den Bolschewismus fest, dass die „Menschheit [...] mit dem Kommunismus zurück in eine soziale und wirtschaftliche Verfassung, welche [...] ihre ersten Schritte bestimmt hatte" (Beckerath 1928, S.203 f) biege. Er ist den Faschisten und Mussolini gedanklich näher als den Bolschewiki und Lenin, wie auch das folgende Zitat veranschaulicht:

> „Es gibt Bücher, die an sich nicht viel taugen, aber sehr wichtig werden durch den Autornamen [...]; zu diesen gehört Lenins: Der Imperialismus als jüngste Etappe des Kapitalismus" (Beckerath 1929, S.147)

Deutlich lässt sich auch eine Entwicklung in seiner Einstellung erkennen, wobei er immer mehr vom Bolschewismus abrückt und den Faschismus immer positiver aus seinem Blickwinkel betrachtet[22]. Spricht er 1927 noch vom Faschismus als „italienisches Experiment" (Beckerath 1927, S.154), also der ungewohnten „Suprematie des Staates einer neu organisierten Wirtschaft gegenüber", wie er vorsichtig 1928 feststellt und in dem Faschismus einen Versuchen, „das Verteilungsproblem [...] durch staatliche Instanzen zu lösen" (beide Beckerath 1928, S.209) , so bezieht er 1929 deutlich Position:

> „allmählich hat die autoritäre Staatsform [in Italien] die überkommene parlamentarische verdrängt, langsam erfolgt auch die Neuformung der kapitalistischen Ordnung, eine Aufgabe, welche keine spezifisch italienische, vielmehr eine europäische ist." (Beckerath 1929, S. 153)

Dies ist eine Gradwanderung. Man erhält leicht den Eindruck, als wolle Beckerath mit seiner Position deutlich für einen autoritären Ansatz werben.[23] Diese Position unterfüttert er fortlaufend mit den von ihm aufgezeigten Parallelen zwischen Russland und Italien, das wie ein Bedrohungsszenario für das alte, parlamentarische Europa wirken soll. Es bleibt – vielleicht bewusst – offen, wie weit Beckerath gehen würde. Versucht er mit seiner Argumentation Europa, das scheinbar in seiner Bedrohung zwischen den zwei Extremen vor der Wahl steht, in eine autoritäre, vielleicht sogar faschistische Richtung zu bewegen, wie es ihm Schieder (1995) bspw. auch unter Bezug auf andere Quellen unterstellt?

8 Zusammenfassung

Beckeraths z.T. sehr zutreffenden Analysen – z.B. die ideologischen Einflüsse auf den Faschismus – werden leider durch seine doch ein wenig verklärte Ansicht zum Thema korporativer Staat und die Unterordnung der Wirtschaft unter den Staat relativiert. Auch wenn es verständlich scheint, dass Beckerath nach den Geschehnissen in der Weimarer Republik und vor dem Hintergrund seiner eigenen orto-liberalen Weltanschauung verbunden mit der

---

[22] Dies wird auch am allgemeinen Sprachgebrauch deutlich, mit dem er seine Texte formuliert und der zunehmend weniger objektiv und sachlich wird.
[23] Zu ähnlichen, aber noch kritischeren Schlüssen kommt auch Petersen (1968) auch unter Heranziehung noch anderer, expliziterer Quellen.

jüngeren Historischen Schule Schmollers gerne eine Wende in der Wirtschaftspolitik erreichen würde, so ist es doch befremdlich, wie sehr er in seinen Schlussfolgerungen mit dem Faschismus kokettiert.[24] Er scheint die in Italien erfolgte Beschneidung der individuellen Rechte dabei zu übersehen, ordnet die Unterdrückung der Menschen durch den Staat als sekundär unter die für ihn wichtigere Suprematie des Staates gegenüber der Wirtschaft ein. Seine Inkonsequenz bei richtiger Analyse und dann falscher Schlussfolgerung wirkt wie ein verzweifelter Versuch, zu der Marx'schen Lösung der Verteilungsproblematik durch eine sozialistische Revolution ein positives Gegenmodell auf Grundlage des Kapitalismus zu entwerfen, das seiner Meinung nach von den parlamentarischen, demokratischen Republiken wohl nicht gelöst werden kann.

Sicherlich ist die oben erfolgte Auseinandersetzung mit Beckerath nur oberflächlicher Natur. Leider lässt der Nachruf Eisermanns (1968) eine gewisse kritische Distanz vermissen[25], bzw. geht Schieder (1995) vielleicht manchmal ungerechtfertigt hart mit Beckerath ins Gericht.

Abschließend bleibt festzustellen, dass der Ökonom Beckerath sicherlich viel Anlass zur Kritik gibt. Eine Republikgegnerschaft zu konstatieren, ist sicherlich anhand der bearbeiteten Quellen kaum möglich, da er sich bedeckt hält.[26] Nur die Inkonsequenz in der Argumentation kann herausgestellt werden. Beckerath ist sicherlich ein Beispiel für einen Wissenschaftler, der selektiv die realen Entwicklungen ausblendet, um an seiner Idealvorstellung festzuhalten.

---

[24] Schieder (1995) unterstellt Beckerath sogar bewusste Republikgegnerschaft, besessen von dem korporativen Gedanken. Erst 1943 habe er erkannt, dass das „korporativistische Ideal einer Selbstverwaltungswirtschaft [...] nicht realisiert worden sei" (Schieder 1995, S. 280). Schieder bezieht seine Kritik immer wieder auf die Selbstverwaltung, weniger auf die oben angeführten Kritikpunkte genereller Widersprüche.
[25] So erwähnt er weder Beckeraths frühes Wirken im Zusammenhang mit dem Faschismus als seine Rolle im Dritten Reich.
[26] Die Feststellungen Schieder (1995) mögen vor dem breiten Quellenstudium insbesondere aus der Zeit des Nationalsozialismus gerechtfertigt sein. Vor dem Hintergrund der hier dargestellten Quellen ist dies jedoch nicht möglich. Hier ist vielmehr die Dynamik in der Betrachtung Beckeraths zu unterstreichen, der von 1927-1929 den Faschismus immer positiver einschätzt, und die auch Schieder (1995) in seinen Betrachtungen ein wenig unterschlägt.

9   Literatur:

Beckerath, Erwin von (1927): Wesen und Werden des fascistischen Staates, Berlin

Beckerath, Erwin von (1928): Idee und Wirklichkeit des Fascismus, in: Schmoellers Jahrbuch für Gesetzgebung, Verwaltung und Volkswirtschaft, Band 52, Berlin 1928, S. 201-218

Beckerath, Erwin von (1929): Fascismus und Bolschewismus, in: Bernhard Harms (Hrsg.): Volk und Reich der Deutschen, Band 3, Berlin 1929, S.134-153

Dahrendorf, Anke / Felgenbauer, Katharina (2004): Die Historische Schule der Ökonomik, Dresden,   auf: http://hsss.slub-dresden.de/documents/1140602800404-3140/1140602800404-3140.pdf (02.12.2007)

Eisermann, Gottfried (1968): Erwin von Beckerath, in: Eisermann, Gottfried: Bedeutende Soziologen, Stuttgart, S.108-110

Petersen, Jens (1976): Der italienische Faschismus aus der Sicht der Weimarer Republik. Einige deutsche Interpretationen, in: Quellen und Forschungen aus italienischen Archiven und Bibliotheken, Band 55/56, Tübingen 1976

Schieder, Wolfgang (1995): Faschismus für Deutschland – Erwin von Beckerath und das Italien Mussolinis, in: Christian Jansen / Lutz Niethammer / Bernd Weisbrod (Hrsg.): Von der Aufgabe der Freiheit – Politische Verantwortung und bürgerliche Gesellschaft im 19. Und 20. Jahrhundert, Festschrift für Hans Mommsen, Berlin 1995, S.267-284

Ziegler, Bernd (1998): Geschichte des Ökonomischen Denkens, München/Wien